I0019386

Mohamed Amine Ben Slama
Habib Chokri

# Administration Réseaux

Mohamed Amine Ben Slimane
Habib Chokri

# Administration Réseaux

## Serveur de messagerie, serveur de domaine, active directory et partage de fichier

Éditions universitaires européennes

**Impressum / Mentions légales**
Bibliografische Information der Deutschen Nationalbibliothek: Die Deutsche
Nationalbibliothek verzeichnet diese Publikation in der Deutschen
Nationalbibliografie; detaillierte bibliografische Daten sind im Internet über
http://dnb.d-nb.de abrufbar.
Alle in diesem Buch genannten Marken und Produktnamen unterliegen
warenzeichen-, marken- oder patentrechtlichem Schutz bzw. sind
Warenzeichen oder eingetragene Warenzeichen der jeweiligen Inhaber. Die
Wiedergabe von Marken, Produktnamen, Gebrauchsnamen, Handelsnamen,
Warenbezeichnungen u.s.w. in diesem Werk berechtigt auch ohne besondere
Kennzeichnung nicht zu der Annahme, dass solche Namen im Sinne der
Warenzeichen- und Markenschutzgesetzgebung als frei zu betrachten wären
und daher von jedermann benutzt werden dürften.

Information bibliographique publiée par la Deutsche Nationalbibliothek: La
Deutsche Nationalbibliothek inscrit cette publication à la Deutsche
Nationalbibliografie; des données bibliographiques détaillées sont
disponibles sur internet à l'adresse http://dnb.d-nb.de.
Toutes marques et noms de produits mentionnés dans ce livre demeurent
sous la protection des marques, des marques déposées et des brevets, et sont
des marques ou des marques déposées de leurs détenteurs respectifs.
L'utilisation des marques, noms de produits, noms communs, noms
commerciaux, descriptions de produits, etc, même sans qu'ils soient
mentionnés de façon particulière dans ce livre ne signifie en aucune façon
que ces noms peuvent être utilisés sans restriction à l'égard de la législation
pour la protection des marques et des marques déposées et pourraient donc
être utilisés par quiconque.

Coverbild / Photo de couverture: www.ingimage.com

Verlag / Editeur:
Éditions universitaires européennes
ist ein Imprint der / est une marque déposée de
OmniScriptum GmbH & Co. KG
Heinrich-Böcking-Str. 6-8, 66121 Saarbrücken, Deutschland / Allemagne
Email: info@editions-ue.com

Herstellung: siehe letzte Seite /
Impression: voir la dernière page
**ISBN: 978-3-8416-7628-3**

# *REMERCIEMENTS*

Nous tenons à exprimer notre profonde reconnaissance à tous les membres de la direction informatique de l'AGENCE FONCIERE TOURISTIQUE (AFT) pour leur aide précieuse.

Nous tenons aussi à exprimer notre gratitude et notre reconnaissance envers nos enseignants à ISET DE CHARGUIA qui n'ont économisé ni efforts ni conseils pour nous soutenir et nous instruire tout au long de notre formation et de notre projet.

تلخيص:

هذه الرسالة تتمثّل في إعداد ووضع حيّز التنفيذ الوسائل اللازمة لتسهيل عملية الشبكة الدّاخلية للوكالة العقارية السياحية و ذلك ببرمجة موزّع "د.ن.س" و "أكتيف ديركتوري" مع إعداد موزّع مراسلات إلكترونية. طريقتنا في العمل تعتمد على التجربة قبل التنفيذ ممّا ساعدنا على تجاوز المشاكل التي اعترضننا عند التنفيذ.

الكلمات المفاتيح: المجال، " د.ن.س"،"أكتيف ديركتوري"،موزّع، تقاسم المعلومات، مراسلات إلكترونية.

Résumé:

Notre mémoire consiste à concevoir et mettre en œuvre les outils nécessaires pour faciliter l'administration du réseau au sein de l'AFT en installant et en configurant un serveur DNS et un Active Directory et enfin mettre en place un serveur de messagerie. Notre méthode de travail se base sur la simulation, ce qui nous a aidé à remédier aux problèmes rencontrés avant l'implémentation.

Mots clés : DNS, Active Directory, Serveur, Partage des données, Messagerie

Abstract:

Our memory consist to conceive and to install the necessary tools to facilitate the administration of the network within the AFT while installing and configuring a server DNS and an Active Directory and finally to put in place a server of electronic mail. Our working process is based on the simulation, what helped us to remedy the problems met before the implementation.

Key words : DNS, Active Directory, Server, Sharing data, electronic mail.

# Table des matières

# Table des figures

# Introduction générale

Le système d'information et les réseaux sont aujourd'hui un élément critique de la compétitivité de l'entreprise. La qualité du service global rendu aux utilisateurs doit être garantie, ce qui implique la maîtrise d'un ensemble complexe de systèmes, réseaux, et applications. C'est l'enjeu des activités liées à l'administration de réseaux et plus généralement du système. L'administration désigne plusieurs opérations tel que les opérations de contrôle du réseau, avec la gestion des configurations et de la sécurité.

C'est dans ce cadre précis que se situe notre projet de fin d'étude réalisé au sein de l'Agence Foncière Touristique. En effet, nous avons essayé de réaliser différentes tâches d'administration tel que l'installation d'un serveur DNS, la configuration de l'Active Directory, l'attribution des droits d'accès aux fichiers et la mise en place d'un serveur de messagerie.

Dans le premier chapitre du présent rapport, nous allons donner une présentation générale de l'entreprise et du cadre général du sujet, ainsi que des objectifs à atteindre. Dans le deuxième chapitre, nous avons présenté les notions générales nécessaire pour la bonne compréhension du reste du rapport. Et enfin, Dans le troisième chapitre, nous décrirons les démarches suivies pour la réalisation de notre travail.

# Chapitre I:

# Présentation générale

# I   Introduction

Dans le présent chapitre nous allons présenter l'organisme d'accueil au sein duquel nous avons passé les trois mois de notre stage à savoir l'Agence Foncière Touristique, ainsi que l'environnement et le matériel de travail.

Ce chapitre englobe aussi une étude de l'existant qui dégage les besoins ressentis.

# II   Présentation de l'entreprise

## II.1 Création de l'Agence

L'Agence Foncière Touristique est un établissement public à caractère industriel et commercial doté de la personnalité civile et de l'autonomie financière.

Elle a été créée en vertu de l'article premier de la loi n°73-21 du 14 avril 1973 relative à l'aménagement des zones touristiques, industrielles et d'habitation.

L'organisation et le fonctionnement de l'agence ont été prévus par le décret n°73-216 du 15/5/1973.

## II.2 Mission

Selon les dispositions de l'article premier de la loi n°73-21 du 14/4/1973, l'AFT a été créée pour acquérir aménager et céder les terrains destinés à la construction des zones touristiques.

## II.3 Activités

Pour accomplir sa mission, l'AGENCE FONCIERE TOURISTIQUE, dispose d'un effectif opérationnel de 174 agents dont 74 cadres, 71 agents de maîtrises et 29 agents d'exécution.

L'AFT dispose également de 5 délégations régionales situées respectivement à Tunis, Hammamet, Sousse, Sfax et Djerba.

## II.4 Tutelle:

En vertu de la circulaire n° 13 du premier ministère du 2 mars 1992 portant fixation de la liste des entreprises publiques, L'AFT est placée sous la tutelle du ministère du tourisme.

## II.5 Structure De L'Agence

la structure actuelle de l'agence est la suivante :

- Le Président Directeur Général de l'AFT.
- 9 Directions.
- 5 Délégations régionales.
- 14 Divisions.
- 25 services.

## III Présentation de la Direction Informatique

En 1989 une mission d'étude et d'assistance à l'informatisation a été lancée. Cette mission a été suivie par la réalisation d'un système d'information complet (Technique et gestion) en COBOL sous un mini ordinateur IBM AS400. Ainsi que l'acquisition de micro-ordinateurs pour le besoin de la bureautique.

Ce système informatique, mis en place en 1992, a touché en grande partie les activités foncières et de gestion.

En 2001, l'AFT a lancé un appel d'offre national pour le choix d'un bureau d'études pour la mission d'élaboration du schéma directeur informatique opérationnel.

### III.1 Mission et attributions de la Direction Informatique

- Gère les équipements informatiques et en assure leurs utilisations optimales.

- Participe à l'élaboration et à la mise à jour du Schéma Directeur Informatique et veille à sa mise en place dans les meilleures conditions.

- Assure le secrétariat de la commission de pilotage informatique et veille à l'exécution des décisions prises par cette commission.

- Mène toute action de sensibilisation des services utilisateurs sur les avantages, les exigences et les contraintes des traitements informatiques.

- Assure la réalisation et la maintenance des projets informatiques mis à la charge de la direction par référence aux options prises soit dans le cadre du SDI, soit par la commission de pilotage.

- Elabore le budget annuel de la direction ainsi que les rapports d'activités qui s'y rapportent.

- Veille à la fiabilité et à la confidentialité des informations.

- Assure la formation du Personnel de l'AFT en matière informatique.

- Assure l'administration des applications installées et des logiciels acquis.

- Assure l'administration du réseau informatique, la sécurité et la confidentialité des données.

## III.2 Effectif actuel de la Direction Informatique

- 1 Directeur.

- 1 Secrétaire.

- 1 Chef de service.

- 1 Ingénieur principal en informatique.

## III.3 Organigramme actuel de la Direction Informatique

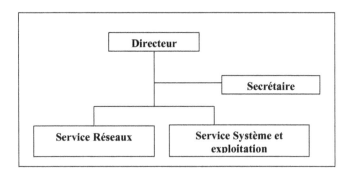

*Figure 1.01- Organigramme de la direction informatique*

5

# IV   Etude de l'existant

## IV.1   La salle de formation

Vu l'importance du travail qui nous a été confié au sein de l'AFT nous avons choisit de simuler le travail avant de l'appliquer sur le réseau. Pour cette raison la direction informatique a mis à notre disposition une  salle nommée « la salle de formation ».

Dans la salle de formation nous disposons de tous les équipements nécessaires pour simuler notre travail :

- Une imprimante réseau laser Samsung ML-2151.

- les équipements réseaux nécessaires pour notre travail (switcher, câbles, prise…)

- 6 ordinateurs Pentium4 Siemens tous équipés de carte réseau.

- En plus de ce matériel nous avons eu le privilège d'accéder au serveur mis dans une autre salle.

## IV.2 Matériels et Logiciels utilisés

Liste concernant le matériel informatique du réseau :

➲  Nombre de prises : 48 prises.

➲  Au niveau du $3^{ème}$ étage on trouve l'armoire réseau qui contient 3 platines de Brassages dont une de 24 ports et deux de 16 ports  et 2 Switchers de 24 ports qui sont  reliés en cascade. A cet effet, sur 48 prises on a seulement 46 prises connectées au réseau (deux prises sont déconnectées).

➲  Au niveau du  $4^{ème}$ étage, on trouve deux serveurs Dell Poweredge 2600 2*INTEL XEON 2.4, Disque Dur 3*73 Go ultra SCSI en raid 5 (146 Go utiles), double alimentation, double ventilation et un serveur AS400.

➲  60 ordinateurs dont 56 connectés au réseau, 5 imprimantes réseaux, 6 Switchers (5 de 8 ports et 1 de 16 ports).

Les logiciels utilisés sont les suivants :

⮑ Système d'exploitation : au niveau des serveurs on trouve *Windows 2000 server* et pour les ordinateurs on trouve *Windows 2000 professionnel* avec *sp3* et *Windows XP professionnel* avec *sp1* et un ordinateur avec *Windows 98 SE (anglais/arabe)*.

⮑ Bureautique : Microsoft office 2000 et Microsoft office XP.

⮑ SGDB: Oracle 9i.

⮑ Autres logiciels spécifiques: Lumière (logiciel de comptabilité), GRH, Biens mobiliers, fourniture de bureaux, bureau d'ordre.

⮑ Réseau: advanced LAN scanner (free), Ideal Administration.

## IV.3 Architecture du réseau

L'architecture adoptée pour le réseau de L'AFT est celle du groupe de travail. Le réseau est divisé en 8 groupes de travail (un groupe de travail pour chaque direction) et qui appartiennent à un même segment réseau:

- Direction Administrative : 14 ordinateurs.
- Direction Coordination : 7 ordinateurs.
- Direction Audit : 4 ordinateurs.
- Direction Commerciale : 6 ordinateurs.
- Direction Financière : 10 ordinateurs.
- Direction Générale : 5 ordinateurs.
- Direction Informatique : 4 ordinateurs.
- Salle de Formation : 6 ordinateurs.

▶ Il existe un autre groupe de travail « comptabilité » qui appartient à un autre segment de réseau.

# V    Problématique

L'architecture adoptée du réseau alourdit la tâche de l'administration, puisque les groupes de travail sont indépendants, leur administration n'est pas centralisée et difficile à gérer. En effet, on ne peut pas faire un partage dédié à un utilisateur s'il n'est pas déclaré en local.

Il a été constaté la présence de virus sur les postes de travail, et de logiciels installés incorrectement, ce qui cause des conflits au niveau des systèmes d'exploitations.

## V.1 Analyse des besoins

Compte tenu de la complexité de l'administration du réseau par groupes de travail, il a été jugé opportun d'opter pour un réseau par domaine.

La limitation des privilèges des utilisateurs sur les ordinateurs est aussi nécessaire. Nous allons par exemple, le priver du droit d'installer des logiciels ou d'accéder à certaines ressources du réseau sans autorisation.

L'échange des données entre les utilisateurs du réseau est indispensable mais la limitation des privilèges éliminera le pouvoir de partager un dossier ou des ressources de l'ordinateur. Ainsi, nous avons pensé à une solution d'échange des données sans aucun partage au niveau des ordinateurs clients mais par l'intermédiaire du serveur DNS.

Concernant le problème, des virus qui ont causé beaucoup de conflits entre des logiciels nécessaires pour le travail, nous avons suggéré d'entretenir les postes au fur et à mesure de notre travail et d'installer des antivirus.

On a été aussi chargé d'installer un serveur de messagerie pour permettre l'échange des messages et des documents utiles pour le travail.

# VI    Conclusion

Dans ce chapitre on a présenté l'entreprise, ainsi Que les limites du son réseau. Nous avons par la suite fixé les objectifs à atteindre. Dans le reste du rapport, nous allons décrire la démarche suivit pour la concrétisation de ces objectifs.

# Chapitre II :

# Les concepts de base

# I Introduction

Pour pouvoir réaliser les taches qui nous ont été confiées, nous avons collecté les informations et les notions afférentes à l'administration et la configuration du réseau.

## I.1 Administration Réseau

### I.1.1 Les débuts du DNS

L'Internet est composé de milliers de réseaux, comprenant des sous réseaux qui, à leur tour, interconnectent souvent des centaines d'ordinateurs. Bien que la numérotation IP, à l'aide d'adresses numériques, soit suffisante techniquement, il est préférable pour un humain de désigner une machine par un nom. Mais il se pose alors le problème de la définition des noms et de leur mise en correspondance avec les adresses IP.

Au début des années 80, le réseau ARPANET ne comportait qu'un peu plus de 200 ordinateurs et chacun possédait un fichier /etc/hosts associant les noms de ces ordinateurs avec leur adresse IP. Lorsqu'une modification s'imposait, il suffisait de mettre à jour ce fichier sur tous les ordinateurs. Face à l'explosion du nombre d'ordinateurs reliés à Internet, il est évident qu'on ne peut mettre à jour tous les fichiers /etc/hosts du Web car cela prendrait un temps énorme et des mégaoctets d'espace disque sur chaque ordinateur. On a donc mis en place un système de bases de données distribuées: les serveurs de noms de domaines DNS (Domain Name System) qui fournissent la correspondance entre un nom de machine et son adresse IP.

### I.1.2 Notion du domaine

Chaque entrée du DNS correspond à un nom qui est un nœud de l'espace de domaine.

En fait, le DNS est un espace de noms hiérarchisé. Chaque nœud a un nom d'au plus 63 caractères et la racine de l'arbre a un nom nul (les minuscules et majuscules sont indifférenciées). Une zone est un sous arbre de cette hiérarchie. Le nom de domaine d'un nœud est la concaténation de son nom avec celui de ses ancêtres dans l'arborescence.

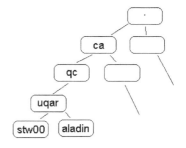

*Figure 2.01 - arbre hiérarchique d'un DNS*

10

La responsabilité des dénominations est subdivisée par niveau. Les niveaux supérieurs délèguent leur autorité aux sous-domaines qu'ils créent. Il faut bien avoir à l'esprit que ce découpage n'a, dans certains cas, aucune base géographique. Par exemple, on trouve des domaines com partout dans le monde. La racine de l'arborescence se nomme «.» et il ne peut y avoir plus de 127 niveaux.

Le mécanisme qui permet la résolution d'un nom en une adresse IP est géré par des serveurs de noms qui représentent une base de données distribuée des noms de domaine. Quand une personne a reçu l'autorité de gérer une zone, elle doit maintenir au moins deux serveurs de noms: un primaire et un ou plusieurs secondaires. Les secondaires sont des serveurs redondants par rapport au primaire de manière à faire face à une défaillance d'un système.

▶ Windows 2000 utilise un type de serveur DNS qualifié d'«intégré». Ce qualificatif fait référence au fait que ADS (Active Directory Service) et DNS sont intimement reliés et collaborent étroitement. Les deux services sont des bases de données distribuées. En plus, puisque ADS est basé sur la notion de domaine, il a besoin de DNS pour fonctionner.

### I.1.3    Active Directory Service

Le service d'annuaire Active Directory (ADS) pour Windows 2000 établit un catalogue des informations sur tous les objets d'un réseau (y compris les personnes, les ordinateurs et les imprimantes) et distribue ces informations sur le réseau.

La sécurité est intégrée dans Active Directory à travers l'authentification de l'ouverture de session et le contrôle d'accès. Grâce à Active Directory, il suffit d'ouvrir une session une seule fois pour rechercher et utiliser facilement des ressources partout sur le réseau. Par exemple, on peut rechercher dans Active Directory une imprimante couleur située à côté de l'ordinateur, un groupe d'utilisateurs géré par un individu précis ou un dossier partagé auquel un mot-clé unique a été affecté. Un service d'annuaire n'a pour but que de simplifier la tâche d'administration des informations et des équipements sur le réseau.

En réalité, ADS remplace le NETBEUI. Il organise le réseau de façon hiérarchique. Par analogie, on peut penser à une organisation. En haut de la pyramide, on a les administrateurs qui gèrent l'ensemble. Plus bas, on a les gérants et contremaîtres qui ont certains pouvoirs mais qui leur sont accordés par les administrateurs. Enfin, au bas de la pyramide, on trouve les travailleurs (qui correspondent aux stations de travail).

Ce type de structure hiérarchique permet de gérer, d'une manière centralisée, des informations sur l'ensemble du réseau. ADS utilise LDAP pour gérer l'administration centralisée des paramètres de configuration des serveurs et gérer les contrôles d'accès au réseau.

## II    Notion de la messagerie

La messagerie électronique s'est développée rapidement, depuis son début sous forme de simples messages envoyés d'une station à une autre, jusqu'à une application qui combine des applications de secrétariat, de courrier, de traduction, de gestion des documents et du travail en groupe. L'objectif de la messagerie est de permettre la communication entre les différents utilisateurs d'un réseau.

### II.1   Les services de la messagerie

La messagerie, est bien évidemment utilisée pour échanger des messages textuels avec des correspondants. Cependant, on peut aussi :

✓ Envoyer et recevoir des messages (texte, image,....) mis en forme si une messagerie compatible HTML est utilisée.

✓ Envoyer et recevoir des fichiers binaires : documents issus d'un traitement de texte ou d'un tableur, base de données, fichier compressés, exécutables, images, etc.

✓ Accéder aux groupes de nouvelles (news).

✓ Participer aux forums de discussion.

## II.2 Principe de la messagerie

La messagerie utilise un protocole appelé SMTP (Simple Mail Transfert Protocol). Lors de l'envoie d'un courrier, la machine de l'expéditeur tente de contacter le serveur. En cas de succès, le message est envoyé, sinon une alerte avertit l'utilisateur du problème.

On utilise un serveur de messagerie intermédiaire pour stocker tous les messages envoyés, ce qui est utile si le destinataire n'est pas connecté au réseau. Ce service a pour nom POP (Post Office Protocol).

POP est utilisé par OUTLOOK pour la réception des messages. Pour l'envoi, le programme utilise toujours SMTP.

Le schéma suivant résume le principe de fonctionnement :

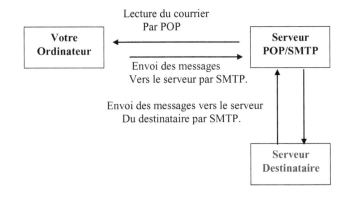

- Principe de la messagerie électronique -

*Figure 2.02 - Principe de la messagerie électronique*

## II.3 Messagerie sur un Intranet:

La messagerie sur un Intranet permet la communication par E-mail entre tous les membres de l'établissement qui sont interconnectés par un réseau local. Il s'agit alors d'une communication purement interne.

Pour réaliser une messagerie d'établissement, un logiciel serveur de messagerie doit être installé sur le serveur de réseau.

Un membre de l'établissement désirant communiquer doit utiliser un logiciel client de messagerie.

## III    Conclusion

Dans ce chapitre, nous avons introduit tous les concepts que nous jugeons nécessaires pour la compréhension du reste du rapport. Ainsi, on a défini la notion du DNS, de l'Active Directory Service (ADS) et de la messagerie.

# Chapitre III :

# Réalisation

# I   Introduction

Dans ce chapitre nous allons nous intéresser au déploiement de notre travail après l'avoir simulé dans la salle de formation sur le réseau de l'agence. Nous expliquerons la centralisation du réseau, le partage des fichiers et enfin l'implémentation de la messagerie.

# II   Centralisation du réseau

## II.1 Installation d'un serveur DNS

Le serveur DNS que nous avons utilisé est le serveur Dell Poweredge 2600, pour l'installation nous aurons besoin de quatre CD fournis avec le serveur (Product documentation, openManage (server assistant), openManage (system management), Windows 2000 server SP3).

On ne peut pas démarrer l'installation du serveur s'il n'y a aucun contrôleur RAID actif. Alors on a utilisé le contrôleur du RAID *firmware utility* (<Ctrl><a> ou bien <Ctrl><m> au démarrage) pour configurer le RAID.

On trouve plusieurs configurations possibles :
RAID0 – Répartition:
- Les 3 disques sous forme d'un seul disque virtuel à capacité de 3 disques.
- Les données sont stockées sur les disques en alternance.
- Aucune donnée sur la redondance n'est retenue.
- Meilleure performance de lecture et d'écriture

RAID1 – Disque Miroir:
- Groupes 2 disques sous forme d'un seul disque virtuel à capacité d'un seul disque.
- Les données sont répliquées sur les deux disques.
- Quand un disque échoue, le disque virtuel fonctionne encore
- Meilleure performance de lecture, mais performance d'écriture légèrement plus lente.

RAID5 – Répartition avec parité partagée:
- Groupe n disque sous forme d'un seul disque virtuel à capacité de (n-1) disques.
- Les informations redondantes sont stockées sur tous les disques en alternance.
- Quand un disque échoue, le disque virtuel fonctionne encore.
- Meilleure performance de lecture, mais performance d'écriture plus lente.
- Meilleure redondance.

▶ On a choisit le RAID5 puisqu'il est plus fiable pour la récupération des données en cas de panne d'un des disques et la taille du disque virtuel est favorable pour les applications du serveur, en effet 3 disques de 73 Go sont installés et donc 146 Go sont utiles.

Par la suite, on démarre la configuration du serveur :

- Server assistant: c'est le CD bootable, nous l'utilisons pour le premier démarrage du serveur et qui nous guidera pour la configuration.
- Windows 2000 Server SP3: c'est le CD du système d'exploitation à installer sur le serveur.
- System management: c'est le CD nécessaire pour l'installation des drivers des périphériques.

Puis on passe à la configuration du domaine :

- La configuration du DNS : donner le nom complet du domaine "D-gestion" et préciser s'il est le primaire.
- Installation de la console Active Directory: préciser quel domaine on va utiliser (dans notre cas "D-gestion")

17

## II.2 Déclaration des utilisateurs

Après la configuration on déclare les utilisateurs qui vont utiliser ce réseau. Dans l'Active Directory on trouve un dossier pour les utilisateurs dans lequel on va déclarer les utilisateurs un par un et ceci comme suit:

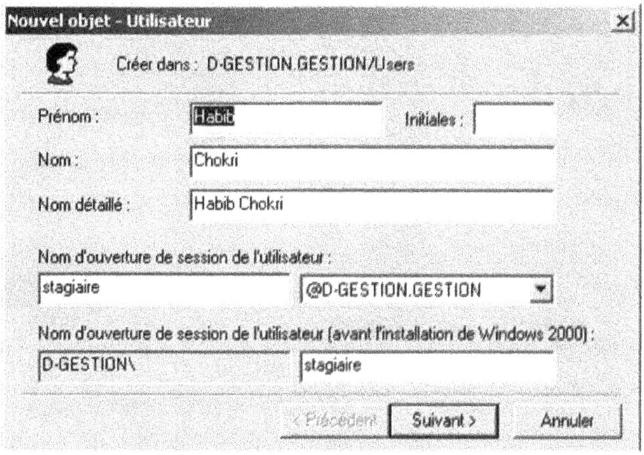

*Figure 3.01 – ajout d'un nouvel utilisateur*

Dans la barre du menu on clique sur le bouton "nouvel utilisateur" et dans la fenêtre qui s'affiche, on entre les informations nécessaires sans oublier la fonction principale de notre projet à savoir limiter l'accès pour les utilisateurs en affectant des mots de passe et un nom d'utilisateur unique pour chacun.

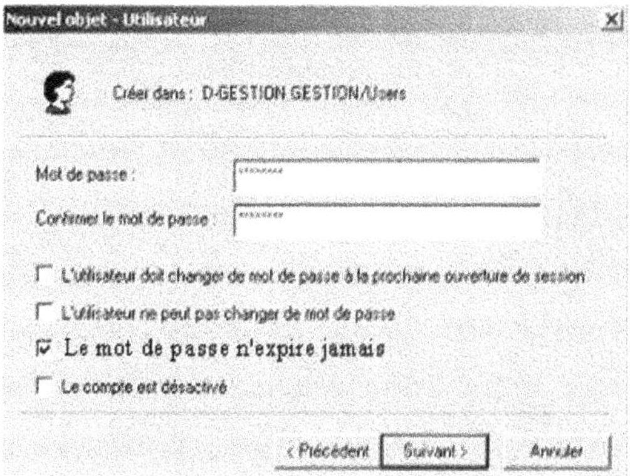

*Figure 3.02 - affectation des mots de passe*

## II.3 Configuration des ordinateurs

Cette partie a nécessité une longue durée pour sa réalisation. En effet, la configuration de 54 utilisateurs ainsi que la sauvegarde de leurs données étaient des taches très rudes et ont duré une longue période.

On commence toujours par l'affectation des adresses IP :

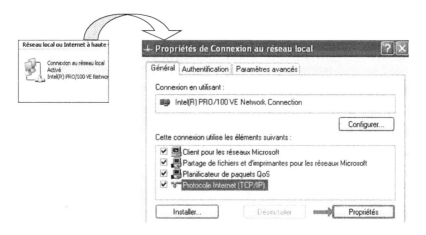

*Figure 3.03 – choix du protocole*

Dans la fenêtre propriété de connexion réseau locale de notre réseau on choisit le protocole utilisé qui est TCP/IP et on introduit la nouvelle adresse IP tout en respectant la plage d'adresse.

Par la suite on affecte à chaque ordinateur un nom significatif selon la fonction de son utilisateur.

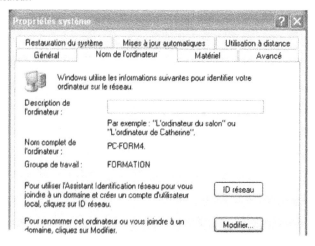

*Figure 3.04 - affectation du nom de l'ordinateur*

Après le redémarrage de l'ordinateur ce dernier tien en compte les nouveaux paramètres et on passe ensuite à la migration du groupe de travail vers le domaine.

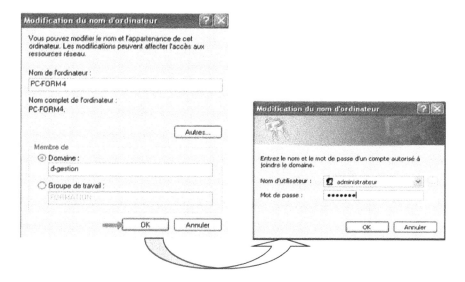

*Figure 3.05 – jointure du domaine*

Dés que nous insérons le nom du domaine, l'ordinateur aura automatiquement besoin de joindre le serveur pour la vérification des paramètres donnés mais il nous faut saisir le nom et le mot de passe d'un compte déclaré sur le domaine.

*Figure 3.06 – le nouveau nom de l'ordinateur*

Si le compte existe parmi les comptes déjà déclarés dans le serveur, la migration est effectuée avec succès et on peut visualiser les nouveaux paramètres de l'ordinateur mais les modifications prendront effet lorsque l'ordinateur a redémarré.

21

## II.4 Transfert des données

Les étapes précédentes ont aboutit à la création d'un nouveau profil local ce qui causera la perte de l'ancien profil, ce qui nous a obligé de transférer les données vers le nouveau profil.

Cette étape pose un problème car on doit limiter les privilèges des utilisateurs alors que les nouveaux comptes crées sur le domaine ne donnent aucun pouvoir aux utilisateurs. Les données transférées ne seront pas exploitées par un simple utilisateur ce qui nous incite à chercher une méthode pour transférer ces données.

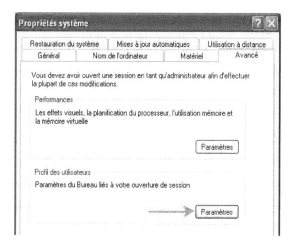

*Figure 3.07 – profil des utilisateurs*

Windows permet de copier tout un profil dans un autre et ceci à l'aide de l'option copie dans.

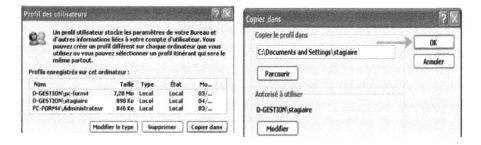

*Figure 3.08 – copie de profil*

Dans le profil des utilisateurs on trouve tous les utilisateurs qui utilisent cet ordinateur. Et même le nouveau compte qu'on a crée sur le domaine. On choisit l'ancien profil à copier puis on appui sur copier dans et dans la nouvelle fenêtre on sélectionne le répertoire du nouveau profil et on lui attribut l'autorisation nécessaire pour qu'il puisse utiliser ces données.

A la fin de cette étape, l'ordinateur est opérationnel sur le domaine après qu'on l'a entretenu en lui installant un antivirus ainsi que quelques programmes utiles tout en créant les raccourcis vers des dossiers partagés sur le serveur qui sont expliqués dans la partie suivante.

# III Partage de fichier

La méthode adoptée est dictée par des raisons de sécurité. Dans ce sens, on a pensé à sauvegarder les données sur un support sécurisé et accessible par tout le monde. Donc, le serveur DNS (D-GESTION) est le support le plus convenable pour cette opération.

En pratique, notre travail c'est fait sur le serveur puisque les dossiers seront crées physiquement, au niveau des ordinateurs clients nous avons crée un raccourci vers le partage qui lui est destiné.

On aura dans le serveur un dossier pour chaque direction et dans celui-ci, on aura un autre dossier pour chaque utilisateur de cette direction. La figure suivante présente un exemple de la direction informatique qui contient le directeur, la secrétaire et le chef service. La secrétaire aura besoin d'échanger des fichiers avec le directeur et le chef service, alors dans son dossier on ajoute un dossier pour chacun et on associe des partages dédiés pour chaque dossier et de même pour les autres utilisateurs.

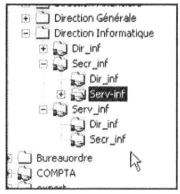

*Figure 3.09 – partage de la direction informatique*

24

Exemple: on prend l'exemple de la secrétaire informatique et du chef service informatique qui vont échanger un dossier confidentiel et ne veulent pas qu'un tiers aura accès à ce dossier.

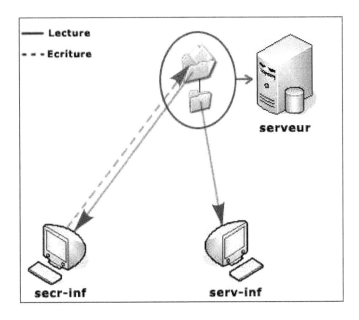

*Figure 3.10 – Les autorisations de partage*

La secrétaire (secr-inf) veut envoyer un dossier au chef service (serv-inf). Le répertoire secr-inf qui appartient au répertoire de la direction informatique sera partagé seulement pour la secrétaire en lecture et écriture (contrôle total), alors tous les sous dossiers de ce dossier peuvent être accédés par la secrétaire en lecture et écriture. Elle pourra copier le dossier pour le chef service dans le dossier qui lui est destiné et qui est partagé lui aussi de son côté pour le chef service mais en lecture seulement et ceci pour garder les données intactes sans aucune modification. Si on veut faire des modifications, il faut faire une copie du dossier puis le modifier et l'envoyer de la même façon pour la secrétaire et on aura les deux versions du dossier pour plus de sécurité.

Le partage dédié pour chaque dossier se fait comme suit:

Dans l'onglet partage et sécurité du dossier de secr-inf on ajoute un nom du partage significatif puis on lui associe l'autorisation convenable,

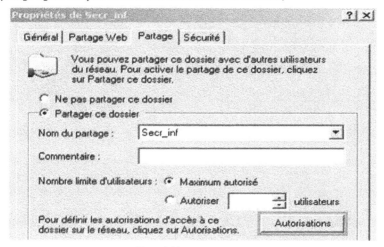

Figure 3.11 – partage pou secr-inf

On ajoute la secrétaire dans la liste des autorisations et on lui attribue le contrôle total sur le dossier.

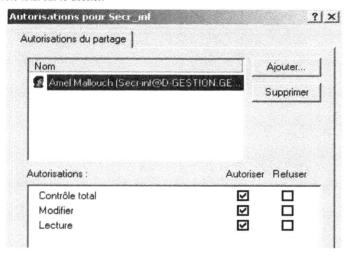

Figure 3.12 – Autorisation pour secr-inf

De même pour le dossier serv-inf qui appartient au secr-inf on lui ajoute un nom de partage significatif et on lui associe les autorisations convenables.

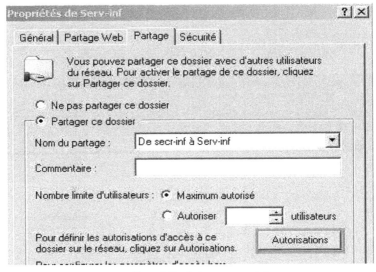

Figure 3.13 – Partage pour serv-inf

On ajoute le chef service dans la liste des autorisations et on lui donne le droit de lecture seulement sur le dossier.

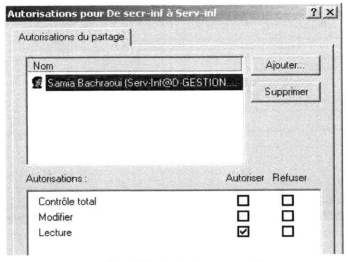

Figure 3.14 – Autorisations pour serv-inf

Remarquons qu'au moment de l'insertion des autorisations on trouve par défaut l'autorisation "tout le monde" ce qui veut dire que tous les utilisateurs aurons le droit de modifier ce dossier, alors on doit supprimer cette option et ajouter l'utilisateur voulu.

En conclusion, nous signalons que le déploiement de cette solution a été un peu difficile à mettre en place puisqu'on l'a fait au cours de l'implémentation du domaine et à cause de grand nombre des utilisateurs dans l'agence ce qui nous a coûté beaucoup de temps dans la création des dossiers et l'affectation des autorisations convenables.

# IV   Messagerie

Dans cette partie, nous allons nous intéresser à l'installation de la messagerie en utilisant comme outil le logiciel Mdaemon.

## IV.1 Configuration de Mdaemon Server

### IV.1.1   Présentation

MDaemon Server v6 fournit des services de messagerie SMTP/POP/IMAP et MIME, aux hôtes Unix et Internet, aux serveurs et aux ordinateurs Windows. MDaemon est conçu pour gérer les besoins de messagerie d'un nombre illimité d'utilisateurs individuels. Il est pourvu de puissants outils intégrés de gestion de comptes de messagerie et des formats de courrier. MDaemon propose un serveur de messagerie évolutif SMTP, POP3 et IMAP4 doté d'un support LDAP, un client de messagerie intégré à un navigateur, un filtrage de contenu, un système de blocage du Spam, des fonctions de sécurité approfondies et bien d'autres fonctions.

### IV.1.2   Fonctionnalités de Mdaemon

MDaemon est doté de nombreuses fonctionnalités en plus du traitement du courrier électronique par protocoles SMTP, POP et IMAP. Voici quelques unes de ces fonctionnalités :

Les vastes fonctionnalités d'analyse de MDaemon permettent de fournir le courrier électronique à un réseau local entier avec une boîte aux lettres POP3 de la taille d'un fournisseur d'accès à connexion téléphonique. Il est ainsi possible de fournir une messagerie électronique à un réseau entier pour un coût inhérent réduit de façon significative.

MDaemon Server v6 propose un ensemble complet de fonctions de gestion de groupes ou de listes de diffusion qui permettent l'élaboration d'un nombre illimité de listes de distributions distinctes pouvant contenir des membres locaux et/ou distants. Les listes peuvent être configurées pour autoriser ou refuser des demandes d'inscription, peuvent être publiques ou privées, permettent d'envoyer des réponses soit à la liste, soit à l'auteur du message.

29

MDaemon est doté de nombreuses fonctionnalités conçues pour aider à sécuriser le système de messagerie électronique. La fonction du blocage de Spam aide à mettre fin à la majorité des messages non sollicités que des "spammers" tentent d'acheminer via ou vers le domaine. Grâce à l'Ecran IP et d'hôte et à la suppression d'adresse, il est possible de masquer et d'empêcher certaines adresses et domaines de se connecter ou d'envoyer du courrier par l'intermédiaire du système. Grâce à ces fonctions, il est également possible de se connecter à des adresses IP spécifiques tout en masquant toutes les autres.

MDaemon peut être configuré de façon à maintenir à jour avec des informations utilisateurs, le carnet d'adresses Windows ou le Carnet d'adresses Microsoft Outlook. Il permet ainsi de, mettre à la disposition des utilisateurs un carnet d'adresses entier.

L'Alias d'adresses permet d'acheminer des messages électroniques adressés à des boîtes aux lettres « fictives » vers un compte valide ou une liste de diffusion. Ainsi, des comptes et des listes individuels peuvent avoir plusieurs adresses électroniques sur un ou plusieurs domaines...

**IV.1.3**       Ecran principal du serveur

Après chargement des fichiers nécessaires au fonctionnement de Mdaemon, une icône représentant une enveloppe apparaît dans la barre des tâches actives (à côté de l'horloge).

Un double-Clic sur cette icône ouvre l'interface suivant de gestion de Mdaemon :

*Figure 3.15 – barre des tâches*

30

**IV.1.4**     Configuration du domaine primaire

Dans le menu Configuration, on choisit Domaine primaire :

Lors de cette étape, donner au serveur MDaemon le nom de domaine pour lequel il traitera les messages électroniques.

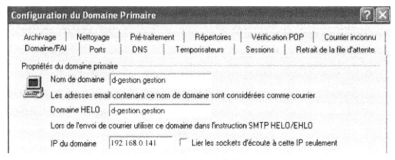

*Figure 3.16 – configuration du domaine primaire*

**IV.1.5**     Création d'un nouveau compte d'utilisateur

Il faut créer un compte sur le serveur MDaemon pour chaque nouvel utilisateur. Sélectionner le Gestionnaire de comptes du menu Comptes qui apparaissent sous forme de liste. Le premier est un compte système qu'on peut ignorer et le second correspond au compte crée pendant l'installation.

Pour ajouter un compte, cliquer sur le bouton Nouveau, l'écran ci-dessous s'affiche. Nous avons saisi le nom de la personne, le nom de BAL (boite à Lettre) ainsi que le mot de passe.

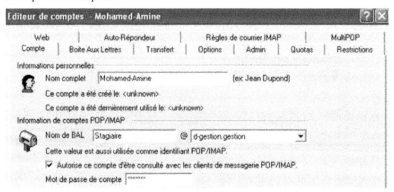

*Figure 3.17 – Edition du compte*

31

## IV.2 Configuration du client Outlook

Pour la configuration de Microsoft Outlook 2000 sur un post client, il faut suivre les étapes suivantes : dans Outlook, sélectionnez Comptes de messagerie dans le menu Outils. Sélectionner « Ajouter un nouveau compte de messagerie » et cliquer sur suivant :

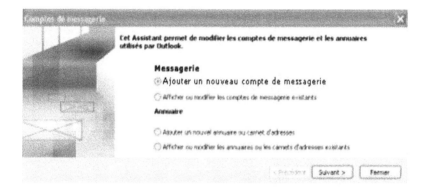

*Figure 3.18 – ajout d'un compte*

Sélectionner POP3 et cliquer sur suivant :

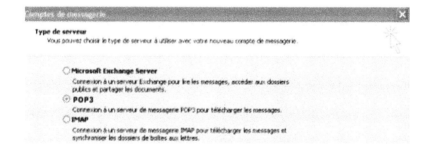

*Figure 3.19 – type de serveur*

Entrer l'adresse IP des sections d'entrée et de sortie du serveur MDaemon puis cliquer sur suivant pour terminer la configuration.

Tester les paramètres du compte puis cliquer sur suivant pour terminer la configuration.

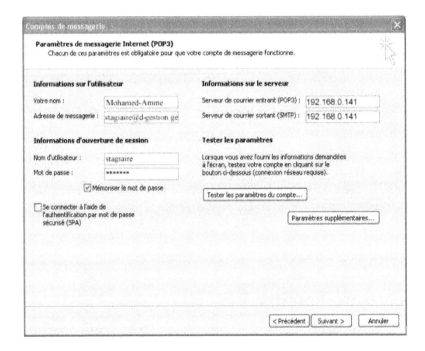

*Figure 3.20 – configuration du compte*

## IV.3 Mise en place des contacts (au niveau client dans Outlook2000)

Au niveau de Outlook on a utilisé la méthode de l'export et de l'import pour ne pas répéter chaque fois le remplissage des contacts.

### IV.3.1 Exportation

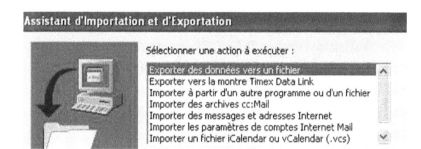

*Figure 3. 21 – exportation des contacts*

On choisit dans le menu Fichier l'onglet Importer et exporter .puis on clique sur « exporter des données vers un fichier » et ceci pour pouvoir exporter certaines données vers un fichier.

Puis on spécifie le type de fichier qu'on va utiliser et on appuie sur suivant.

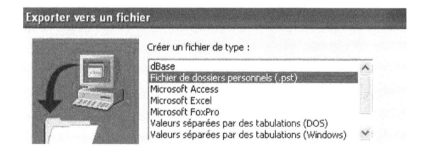

*Figure 3.22 – exportation vers un fichier*

Cette fenêtre nous aide à choisir dans quel dossier on va exporter le contenu, on peut même inclure les sous dossiers ou même choisir tout le dossier personnel.

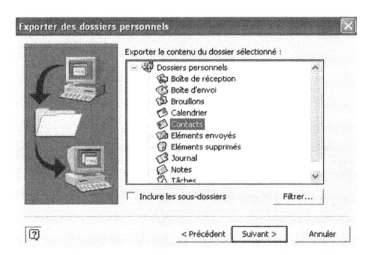

*Figure 3.23 – sélection du dossier personnel*

A la fin on spécifie le chemin de l'enregistrement du fichier tout en choisissant l'option qui convient.

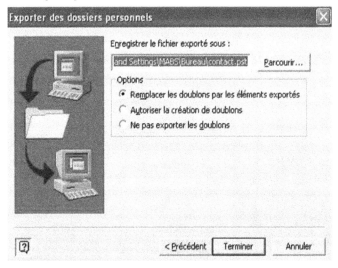

*Figure 3. 24 – le choix du destination*

On peut aussi inclure à ce fichier un mot de passe pour le sécuriser au moment de l'importation.

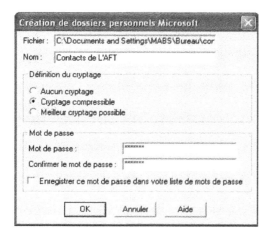

*Figure 3.25 – création du dossier personnel*

**IV.3.2    Importation**

On choisit « importer à partir d'un autre programme ou d'un fichier » pour pouvoir accéder au fichier déjà crée à l'exportation.

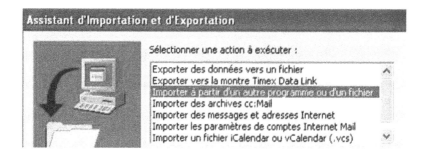

*Figure 3. 26 – importation des contacts*

On choisit le type du fichier qui est dans ce cas de type (.pst).

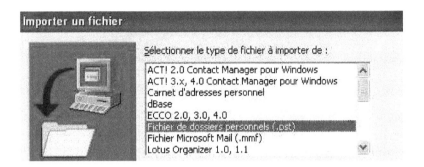

Figure 3. 27 – type du fichier à importer

Après on spécifie le chemin du fichier qui contient les données et on choisit l'option qui nous convienne.

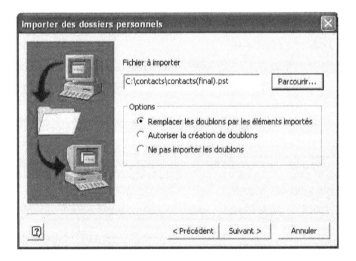

Figure 3. 28 – importation du fichier

Puisqu'on a imposé un mot de passe chaque fois qu'on va importer le fichier, et on le tape deux fois de suite pour la confirmation.

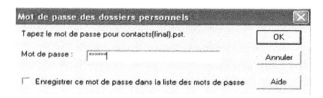

*Figure 3. 29 – valider le mot de pass*

A la fin on choisit le type du fichier qu'on déjà spécifier et on l'importe dans « Dossiers personnels » pour écraser tous les éléments existants.

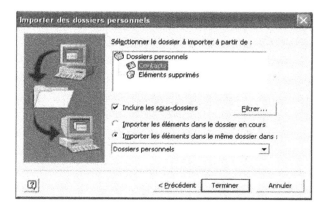

*Figure 3.30 – choix du dossier personnel*

Au terme de ce stage, on est arrivé à implémenter une messagerie locale sur un intranet en utilisant MDEAMON.

La manipulation d'une messagerie locale, en utilisant Microsoft Outlook 2000 comme outil, nous a été facile à implémenter puisque tous les postes sont équipés de Microsoft Office 2000.

# V    Conclusion

Ainsi dans ce chapitre, on a expliqué les démarches suivies pour la réalisation des tâches suivantes :

- installation et configuration d'un serveur DNS
- configuration de l'Active Directory
- proposition d'une solution pour le partage des fichiers
- messagerie

# Conclusion Générale

Dans ce rapport on a étudié les différents aspects de l'administration des réseaux informatiques. Plus particulièrement on a présenté la démarche à suivre pour mettre en place et configurer un serveur DNS, pour configurer l'Active Directory et pour mettre en place un serveur de messagerie.

Ce stage de projet de fin d'étude, a été très enrichissant pour nous, et très utile pour le travail de l'AFT. Nous espérons qu'ils seront satisfaits et fiers de notre travail.

Seulement, nous notons que même si la solution implémentée est satisfaisante, on aurait pu adopter d'autres solutions utilisant d'autres technologies. Par exemple, on pourrait utiliser l'un des serveurs de fichiers connus au lieu de la solution que nous avons adopté. On pourrait aussi choisir au lieu de Mdaemon un autre serveur de messagerie. Nous rappelons que nos choix sont limités par les moyens dont dispose l'AFT.

# *Bibliographie:*

**Livres :**

[1] Implémentation de Microsoft Windows 2000 professionnel Server.

[2] Réseau et système d'exploitation Microsoft Windows2000 : Notions fondamentales

**CD :**

[3] Product Documentation (v3.5) pour le serveur DELL

**Sites :**

[4] www.commentcamarche.fr

www.ingramcontent.com/pod-product-compliance
Lightning Source LLC
LaVergne TN
LVHW042351060326
832902LV00006B/523